JE VOUS PRENS
SANS VERD,
COMEDIE.

A PARIS,

Chez PIERRE RIBOU, sur le Quay des Auguſtins, à la deſcente du Pont-neuf, à l'Image S. Loüis.

M. DC. XCIX.

ACTEURS.

S. AMANT, Mary de Julie.

JULIE, sa Femme.

DORAME, Pere de Julie.

MONTREUIL, Neveu de S. Amant.

CELIANE, Cousine de Julie.

TOINON, Suivante de Julie.

LUBIN, Fermier de S. Amant.

TROUPE de Paysans.

TROUPE de Paysanes.

Deux Nymphes des Fleurs.

Deux Zephirs.

La Scene est dans un Jardin qui regarde le Château de S. Amant.

JE VOUS PRENS SANS VERD, COMEDIE.

SCENE PREMIERE.

S. AMANT, LUBIN.

S. AMANT *luy donnant de l'argent.*

JE ne suis nullement en doute de ta foy ;
Mais prens Lubin.
LUBIN.
Monsieur....
S. AMANT.
Prens, dis-je, oblige-moy
De ce qu'on fait icy donne-moy connoissance.
LUBIN.
Monsieur le Colonnel, parlez en conscience.
S. AMANT.
Quoy ?
LUBIN.
N'estes-vous point mort ?
S. AMANT.
Tu le vois.
LUBIN.
Tout de bon

A ij

Ne revenez-vous point de l'autre Monde ?
S. AMANT.
Non,
Je te l'ay déja dit, c'est pour tromper ma Femme;
C'est pour mettre en plein jour tout ce qu'elle a dãs l'ame,
Que j'ay fait publier le faux bruit de ma mort.
LUBIN.
Que vous l'allez, Monsieur, surprendre à vôtre abord
Elle ne s'attend pas à ce retour funeste.
Et son cœur bonnement vous croit mort, & le reste.
S. AMANT.
Non, je n'ay pas dessein si-tôt de l'affliger,
Je veux dans les plaisirs la laisser engager,
Et faire voir à tous par ses réjoüissances,
Un bon certificat de ses extravagances.
LUBIN.
Je suis ravy de voir que vous avez du cœur.
S. AMANT.
Jusqu'icy je n'ay pû de sa mauvaise humeur,
Aux yeux de ses parens dévoiler la malice,
Elle a sçû me confondre avec tant d'artifice,
Qu'elle m'a fait par tout passer pour un bouru.
Mais grace à sa folie, enfin je seray crû.
LUBIN.
Tant mieux, la joye en moy fait ce qu'elle fit sur elle,
De vôtre feinte mort la premiere nouvelle.
S. AMANT.
D'où le sçais-tu ?
LUBIN.
J'étois dans un grand Cabinet
Quand vôtre Courrier vint de Flandre à Lansquenet
Elle avoit tout perdu, qu'elle étoit desolée:
Mais par vôtre trépas elle fut consolée.
S. AMANT.
Quelle ame ! chez son pere elle fut toute en pleurs,
Signaler son devoir par de fausses clameurs.

COMEDIE.

Voulant quitter le Monde, & cherchant la retraite,
Pour de mon souvenir n'estre jamais distraite,
Le bon-homme éblouy donna dans le panneau,
A ses pieux desirs accorda ce Château,
Luy donnant seulement Toinon pour compagnie.

LUBIN.

Depuis qu'elles y sont, Monsieur, Dieu sçait la vie :
Elle appella d'abord pour se donner beau jeu,
La jeune Celiane avec vôtre neveu.

S. AMANT.

Montreüil ?

LUBIN.

   Oüy, ce beau fils, ce tourneur de prunelle,
Qui la l'orgnoit, dit-on, & qu'elle l'orgnoit, elle.

S. AMANT.

Que font-ils en ces lieux, Lubin ?

LUBIN.

     Je ne sçay pas,
Et je sçay seulement que de vôtre trépas
Elle ne leur a fait aucune confidence ;
On ne parle que joye & que réjoüissance ;
Tous les jours ce ne sont que plaisirs bout à bout,
Promenades icy, Menestriers par tout,
Petits jeux, côte-verte, allegresse, ripai'les,
Serenades, Conserts, charivaris, crevai'lles,
Vous voyant tout de bon gisé dans le cercüeil,
Et c'est de la façon qu'elle en porte le deüil.

S. AMANT.

A se perdre elle-même elle s'est engagée,
Son pere qui la croit fortement affligée,
Et que je détrompay cinq ou six jours aprés,
Avec moy dans ces lieux est venu tout exprés,
Témoin de son desordre il n'aura pas la force,
Entre sa Fille & moy d'empêcher le divorce.

LUBIN.

Vous ne pouviez venir plus à propos tous deux,
Du premier jour de May renouvellant les jeux,
On ne va voir icy que Fêtes boccageres,
Printemps, Flore, Zephirs, & Bergers & Bergeres,
Pour prendre des plaisirs de toutes les façons,
Mêlant à leurs Conserts nos rustiques chansons,
Nous avons ordre exprés de venir en personne;
Entendez-vous déja comme l'air en raisonne.

S. AMANT.

Pour tout voir, mon Beaupere, aprochez promptement.

SCENE II.

DORAME, S. AMANT, LUBIN.

DORAME.

J'En sçay plus qu'il ne faut, Monsieur de S. Amant,
il suffit.

S. AMANT.

Non, je veux vous la faire connoître,
Où nous cacheras-tu, Lubin?

LUBIN.

Cette fenêtre
Pour voir & pour entendre est un endroit certain,
Vous n'avez qu'à monter.

S. AMANT.

J'en sçay bien le chemin,
Mais chut!

LUBIN.

Allez je vais chanter à pleine tête,
Sans faire aucun semblant, car je suis de la fête.

SCENE III.

LUBIN, TROUPE DE PAYSANS.

LUBIN.

Allons courage, enfans, fredonnons ce beau mois,
Menestriers, ronflez, Lucas joignons nos voix,
Chantons le verd Printemps, nos plaisirs & nos flâmes,
Echos répondez-nous, & réveillez ces Dames.

Il chante.

 Vive le Printemps,
 Il rend le cœur gay,
 Le mois des Amans,
 Est le mois de May.
Badinant sur la feugere,
Nos plaisirs retentissent par tout,
Et si l'on entend crier la Bergere,
 Ce n'est pas au Loup.

LUCAS chante.

Allons planter le May, l'amour nous y convie,
Pour voir de nos Bergers l'agreable folie,
 Bergers soyez au gay :
Heureux Amans, plus heureuses Amantes,
 O combien vous seriez contentes,
S'il étoit tous les jours le premier jour de May.

LUBIN.

Pour chanter vos plaisirs & les entretenir,
Madame avec le May nous allons revenir.

JE VOUS PRENS SANS VERD,

SCENE IV.
JULIE, CELIANE, MONTREUIL.

JULIE.
Plus agreablement peut-on être éveillée ?
CELIANE.
Et plus commodement, Madame, être habillée.
MONTREUIL.
Tout s'empresse en ces lieux pour faire la cour,
L'air est serain, le Ciel nous promet un beau jour.

SCENE V.
JULIE, CELIANE, MONTREUIL, S. AMANT, DORAME à la fenêtre.

S. AMANT.
Voila son deüil, par là jugé de sa conduite.
DORAME.
Peut-être est-il au cœur ?
S. AMANT.
Nous verrons dans la suite.
JULIE.
A trouver des plaisirs appliquons nos esprits,
En attendant le May, j'ay quelques Manuscrits,
Qu'on vient de m'envoyer sur differens Chapitres,
Pour nous desennuyer, Montreüil lisez les Titres.
MONTREUIL lit.
La Pierre Philosophale, ou l'Art de se faire aimer de sa femme.
~~JULIE~~ Celiane
Beau secret !

COMEDIE.

JULIE.
Il est rare.

CELIANE.
Il pourroit avoir cours,
Si l'hymen s'allioit avec les amours.

JULIE.
Abus, l'hymen ternit l'Amant le plus aimable,
Et dés qu'il est Epoux il devient haïssable.

S. AMANT.
Beau-pere....

MONTREUIL lit.
Dialogue de deux Fiancées sur les mysteres du Lit Nuptial.
Par un jeune ABBÉ.
Dédié aux vraiement Filles.

JULIE.
L'entretien devoit être ingenu.

MONTREUIL.
J'aurois voulu l'entendre & ne pas être vû.

CELIANE.
Les Abbez entrent-ils dans un secret semblable ?

JULIE.
Il n'est rien en amour pour eux d'impenetrable,
Le Siecle a peu d'intrigue où ne perce la leur,
Et comme au Lansquenet, ils y prennent couleur.

MONTREUIL lit.
Eloges des Dames Galantes conçûs & dirigez, & mis en lumiere chez l'Amy.

CELIANE.
Malheur à qui verra son nom dans cet Ouvrage.

JULIE.
Pour mettre ces Portraits dans tout leur étalage,
On n'aura pas, je pense, épargné les couleurs.

MONTREUIL.
Chez l'Amy, c'est un lieu fertil en Blazonneurs. *Il lit:*
La Pompe funebre d'un Mary, & la maniere d'en porter le deüil.
Par une veuve de fraiche datte.

CELIANE.
On crie, on prend le noir, est-il un autre usage!
JULIE.
Oüy, selon comme vit & meurt le personnage,
Il faut battre des mains, on doit chanter son sort,
Quand il perd noblement la vie, & qu'il est mort
De l'approbation du monde, & de sa femme.
S. AMANT.
Le Livre est de son crû, par là jugez de l'ame.
DORAME.
Elle n'écrit jamais.
MONTREUIL lit.
L'heure du Berger brusquée par un petit Maistre
entre deux vins.

L'Ouvrage est singulier.
CELIANE.
Et f'Ouvrage, & l'Auteur, j'en croy tout cavalier.
MONTREUIL.
Voila tout.
CELIANE.
Vous rêvez.
JULIE.
Il me vient en pensée
De rapeller ioy du mois la coûtume passée,
Joüons ensemble au Verd.
CELIANE.
Je le veux.
MONTREUIL.
J'y consens.
JULIE.
Si le jeu n'est pas noble, il est divertissant;
Le premier qui de nous se laissera surprendre,
D'obeïr au vainqueur ne pourra se deffendre;
Je jure, je promets d'en observer la loy.
CELIANE.
A ces conditions je me soûmets.

COMEDIE. 11
MONTREUIL.
Et moy.
JULIE.
Allez pour commencer ces guerres intestines,
Cueillir du Rosier: prenez garde aux épines.
CELIANE.
Nous n'irons point au bois qu'avec précaution.
MONTREUIL.
Et vous ?
JULIE.
J'en ay déja fait ma provision.

SCENE VI.
TOINON, JULIE, S. AMANT,
DORAME à la fenêtre.

TOINON.
Quel veuvage! pour moi, Madame, je l'admire,
Quoy pleurer un Epoux en s'étouffant de rire,
La mode en est jolie & pourra faire bruit,
De cette mort, Toinon, cueillons, goûtons le fruit,
Joüissons du bonheur que le Ciel nous envoye;
Je n'ay plus de Mary, quel plaisir! quelle joye!
Celebrons à jamais le jour de son trépas,
Quoy qu'on dise, Toinon, la Guerre a ses apas,
Ses heures d'agrémens, comme ses douloureuses,
Que d'heritiers contens! que de Veuves heureuses!
S. AMANT.
C'est trop tost triompher.
TOINON.
Mais on se contrefait
Seulement pour la forme.
JULIE.
Eh! ne l'ay-je pas fait?

Pour dérober ma joye à la commune envie,
Je m'enferme au desert, voyez quelle modestie.
TOINON.
Mais il faut à Paris retourner une fois ?
JULIE.
Laissez-moy divertir tout le reste du mois ;
Ennuyée à peu prés de ces réjoüissances,
J'iray me délasser parmy les bienseances,
Briller au plus profond d'un noir apartemens,
Me parer de l'éclat d'un lugubre ornement,
Promener en spectacle un deüil en grand volume,
Et donner en public des pleurs à la coûtume.
TOINON.
Mais voulant tous les mois déguiser vôtre deüil,
Pourquoi faire venir Celiare & Montreüil ?
JULIE.
Il faut dans le plaisir un peu de compagnie,
On le respire mieux, & sans elle il ennuyë,
Outre un dessein que j'ay que tu n'as pû prévoir,
Ils s'aiment, on le dit, & je veux le sçavoir,
En être convaincuë, & les broüiller ensemble,
Toinon.
TOINON.
Dans ce dessein j'entrevoy, ce me semble.
Vous voulez pour Epoux vous donner Montreüil.
JULIE. Moy ?
D'un Mary, d'un bouru, je reprendrois la loy ?
On peut par des raisons du monde & de famille,
Par de certains desirs, & pour sortir de fille,
Une fois en sa vie arborer ce lien ;
Mais aller jusqu'à deux je m'en garderay bien.
TOINON.
Ma foy vous ferez bien de garder le veuvage ;
Car si par cas fortuit dans le cours de vôtre âge,
Vous alliez en pleurer un ou deux seu'ement,
Comme vous avez fait Monsieur de Saint Amant,

COMEDIE.

Et rendre vos douleurs encore aussi celebres,
Vous vous ruïneriez en dépenses funebres.

JULIE.

Fy des Maris, Toinon, des Amis, des Amis,
A vous plaire, à vôtre ordre ils sont toujours soûmis :
On sçait s'approprier leurs divers caracteres,
Le Conseiller se rend utile à vos affaires,
On conte au Lansquenet le riche Financier,
Le Partisan commode est un bon dépensier ;
Le Courtisan grossit la foule aux Tuilleries,
L'Abbé nous divertit par ses minauderies ;
Le bel Esprit en vers distingue le commun,
Et parmy ce ramas l'Esprit en regarde un.

TOINON.

J'entens, je voy, Madame, où l'estime vous meine
Et Montreüil d'un clin d'œil tout contraire l'a à haine,
Sera le regardé, n'est-ce pas ?

JULIE.

Nous verrons,
S'il répond à mes vœux ce que nous en ferons.

S. AMANT à la fenêtre.

Vous pouvez deviner ce qu'elle en voudra faire.

DORAME.

Eh ! c'est un jeu.

S. AMANT.

Quel jeu ?

JULIE.

Voila tout le mystere,
Pour voir de ses Amans le cœur à découvert,
Je leur viens d'inspirer exprés le jeu du Verd :
C'est dans ce dessein même, & pour le voir éclore,
Que j'emprunte la voix du Printemps & de Flore,
Et sous l'appas brillant des jeux & des plaisirs,
Je vais adroitement penetrer leurs desirs,
Et satisfaire aux miens.

B

14 JE VOUS PRENS SANS VERD.

DORAME.
C'est assez vous complaire, Descendons.

S. AMANT.
Non, il faut en voir la fin, Beau-pere.

JULIE.
Lubin pendant les jeux avec moy de concert,
Feignant de badiner prendra leur boëte au verd.
Il vient.

SCENE VII.
JULIE, LUBIN, TROUPE DE PAYSANS, DORAME, S. AMANT *à la fenêtre.*

LUBIN.
Voicy le May, rangez-vous, place, place.
Beau, grand, droit, verd, il vient ombrager cette place.

Des Paysans en dansant font avancer le May jusqu'au milieu du Theatre.

SCENE V.
JULIE, MONTREUIL, CELIANE, S. AMANT, DORAME, LUBIN, PAYSANS.

MONTREUIL.
Nous venons prés de vous entendre le concert.

CELIANE.
Ce May nous avertit qu'il faut songer au Verd.

LUBIN.
Vous y joüez donc ?

CELIANE.
Ouy.

COMEDIE.

LUBIN.
Gardez d'être attrapée.
JULIE.
Pour moy si l'on m'y prend, je seray bien trompée.
LUBIN chante.

 Dans ces verds ébats,
 Craignez la surprise,
 Telle est souvent prise
 Qui n'y pense pas.

JULIE.
Je suis en seureté, quoy qu'on puisse entreprendre.
LUBIN.
Souvent Brebis fringante au loup se laisse prendre.
CELIANE.
Qui se garde de tout ne peut être attrapé.
LUBIN.
L'on prend au trébuchet l'oyseau le plus hupé.
   Il chante.

 Pour dénicher une Fauvette,
 Lucas dit à Catin follette,
 J'iray t'appeller demain
  Du matin,
 Si je te trouve au lit, dormeuse,
 Ma bouche à baiser ton sein
 Ne sera pas paresseuse,
 A ces menaces Catin
 N'en fut pas plus matineuse,
 Lucas trouva l'huis ouvert,
 Catin fut prise sans Verd.

JULIE.
Catin se devoit mieux tenir encourtinée.
LUBIN.
Elle aimoit à dormir la grasse matinée,
Pour surprendre les gens il est plus d'un Lucas.

Et... mais alors paroit avec vous Joseppus

SCENE IX.
JULIE, MONTREUIL, CELIANE,
S. AMANT, DORAME, FLORE,
deux Zephirs, deux Nymphes des Fleurs.

FLORE chante.

Sur la fugere au pied des Haîtres,
Joüissez des plaisirs champêtres,
Le Printemps vient ranimer vos ardeurs,
Flore ramene à vos yeux les Zephirs & les Fleurs;
Que les Amours soient toujours de vos Fêtes.
    Les belles conquêtes
    Sont celles des cœurs.
    Nymphes, jeunes fleurs naissantes,
Parfumez ces beaux lieux de vos odeurs charmantes;
    Et vous Zephirs en ce jour,
    De la fraîcheur de vos aîles;
    Eventez le sein des Belles,
    Et n'en chassez pas l'Amour.

Les Zephirs & les Fleurs font une Entrée, & prennent en dansant les boëtes de Celiane & de Montreüil qu'ils emportent.

FLORE chante.

Tout renouvelle
Dans ce beau mois,
La plus cruelle
Respire un choix,
Fiere Fillette,
Timide Amant,
A la rangette
L'Amour les prend,

COMEDIE.

Dans une plaine,
Sous un couvert,
L'un sans mitaine,
L'autre sans Verd.

SCENE X.
JULIE, MONTREUIL, CELIANE, S. AMANT, DORAME.

S. AMANT.

BEau-pere, on ne sçauroit mieux pleurer un Epoux.
JULIE *à Montreüil & à Celiane.*
Tout nous dit de songer au Verd, en avez-vous ?
Je vous y piens ; montrez.
CELIANE.
     Oh ! qu'à cela ne tienne,
Ma boëte est perduë, ah !
MONTREUIL.
     Le Diable a pris la mienne.
JULIE.
A nos conventions je vous soûmets tous deux,
Celiane ouvrez-moy vôtre cœur, je le veux ;
Mais sans fard, de l'amour l'avez-vous sçû défendre ?
N'est-il point quelque Amant qui s'y soit fait entendre !
CELIANE.
Jusqu'à ce jour il est de si peu de valeur,
Qu'aucun ne s'est offert pour y prendre couleur.
JULIE.
Vous mentez, j'en sçay un, vous le sçavez de même,
Qui montre avoir pour vous une tendresse extrême ;
Il brûle de vous faire entendre ses amours.
CELIANE.
Je vais pour m'en défendre appeller du secours.

SCENE XI.

JULIE, MONTREUIL, S. AMANT, DORAME.

JULIE.
Vous ne la suivez pas, Montreüil?
MONTREUIL.
Qui moy ! Madame ?
JULIE.
Il faut à vôtre tour me découvrir vôtre ame,
Je m'en vais exposer une Fable à vos yeux,
Si vous n'en devinez le sens mysterieux,
Vous me ferez, Montreüil, une sensible offense,
Si vous le concevez redoutez ma vengeance,
Pour peu que vous soyez rebelle à ses clartez.
MONTREUIL.
Il faut sçavoir.
JULIE.
Je vais vous la dire, écoûtez.
   Une aimable Tourterelle
  Eut le partage d'un Hibou;
  Jamais paix, toujours querelle,
Il n'est pas mal-aisé de deviner par où
  Hibou mourut, la veuve en ces allarmes
N'étalla point des clameurs & des larmes.
   Le fasteux charivary,
  Pleurs enlaidit, douleur est folle,
Et puis, graces aux mœurs du siecle, on se console
  D'un Amant tendrement chery,
  Que ne fait on point d'un Mary?

Tourterelle à l'Amour rarement est rebelle.
Sa tendresse envisage un Moineau digne d'elle :
Pour s'expliquer, regards, discours mysterieux,
    Sont par elle mis en usage,
Elle craint, elle n'ose en dire davantage ;
    C'est au Moineau, s'il a des yeux
    A deviner ce langage.

Vous entendez, Montreüil, le comprenez-vous bien ?
Parlez sincerement.
MONTREUIL.
                    A ne déguiser rien,
Si certain homme étoit dans la nuit éternelle,
Je croirois deviner quelle est la Tourterelle ;
Son joug a fait gémir mon cœur plus d'une fois :
Quant à l'heureux Moineau, seul digne de son choix,
Son bonheur me fait peine à le pouvoir connoître,
Mais ce que je sçay bien, c'est que je voudrois l'être.
JULIE.
Soyez-le, on y consent, le champ vous est ouvert,
Croyez tout, esperez, &....
S. AMANT *descendu de la fenêtre.*
            Je vous prens sans Verd.
MONTREUIL *en fuyant.*
Mon Oncle !
JULIE.
    Mon Epoux !

SCENE XII.
S. AMANT, JULIE, DORAME.

S. AMANT.

Aprochez, mon Beaupere :
Vôtre Fille est d'un prix trop extraordinaire.
Je m'en sens desormais indigne, & vous la rens ?
Adieu !
DORAME.
Tout doux, il est des accommodemens.
S. AMANT.
Vous prétendez, voyant l'humeur qui la possede ?
DORAME.
Elle a tort, mais le mal trouvera son remede.
S. AMANT.
Et quel remede ? aprés tout ce que devant vous...
DORAME.
D'accord, son procedé choque ; mais entre-nous,
A l'intention prés, c'est une bagatelle.
S. AMANT.
Comment vous...
JULIE.
Hé quoi donc : suis-je si criminelle ?
D'un Mary que l'on aime on apprend le trépas ;
Les premiers mouvemens sont de suivre ses pas :
A ce dessein s'oppose un devir de famille :
Des fruits de cet Hymen reste une seule fille,
Il faut vivre pour elle, on restraint ses desirs,
A chercher sa santé dans d'innocens plaisirs.
S. AMANT.
Morbleu ! l'excuse encor est pire que l'offense.
DORAME à *Julie.*
Sortez, j'adouciray son cœur en vôtre absence.

COMEDIE.
S. AMANT.
Un Cloître punira cette insolence-là.
JULIE *revenant.*
Mon Pere...
DORAME.
Laissez-moy raccommoder cela.

SCENE XIII.
S. AMANT, DORAME.

S. AMANT.

Non? non.
DORAME.
Ecoûtez-moy.
S. AMANT.
Si jamais je m'oblige
A recevoir vôtre Fille...
DORAME.
Ecoûtez-moy, vous dis-je ?
Comme vous je pris femme, & fus gendre autrefois ;
Tout ce qui peut reduire un esprit aux abois ;
Tout ce qu'un Mary craint se trouva dans ma femme.
Elle... elle est au tombeau, Dieu veüille avoir son ame.
Je criay, j'y voulus renoncer comme vous,
Mon Beaupere honnête-homme, esprit cômode & doux,
Me donna pour calmer ma fureur violente,
Un bon Contrat valant deux mille écus de rente,
Que jadis son Beaupere en pareilles douleurs
Lui mit entre les mains. Je cessay mes clameurs :
Mon Gendre le voila ; je vous remets ce gage,
Il peut dans la famille être d'un bon usage,
Vous avez une Fille, elle a tout vôtre soin
Si vous la mariez vous en aurez besoin ;

Croyez-moy, comme nous ayez de la prudence,
Tout ccy, grace au Ciel, s'est fait dans le silence,
Il est certain secrets fâcheux à reveler,
Et qui de rien ne sçait, de rien ne peut parler.
S. AMANT *regardant le Contrat.*
Ecüeil de tout le monde ! Or quelle est ta puissance.
DORAME.
Il faut, mon Gendre, il faut tous prendre patience.
Beaucoup d'honnêtes gens sont dans le même cas ;
Qu'on ne console point avec de bons Contrats ;
Reprenez la douceur, c'est la plus belle voye.

SCENE XIV.
S. AMANT, DORAME, LUBIN.

LUBIN.
Qu'est-ce donc, voicy bien, Monsieur, du rabat-joye,
Est-ce que nos plaisirs s'en iront à vauleau ?
Nous sommes attroupez tretous dessous l'ourmeau
N'attendant qu'un signal pour faire icy gambadé,
Et vous venez, dit-on, desaccorder l'aubade,
Madame vôtre Fille est pleurante en un coin,
Monsieur vôtre Neveu grommele sur du foin,
Camus en chiens d'Artois d'avoir compté sans hôte,
Quel revers ! qui l'auroit pensé, c'est vôtre faute ;
Tout-franc, ce procedé crie, & vous avez tort,
Aprés l'avoir mandé, de ne pas être mort.
DORAME.
Qu'est-ce à dire ? non, non, que l'on châte, qu'on danse,
Nous venons prendre part à la réjoüissance,
Bergers & Bergeres, que tout se rende icy,
Et ma Fille & Montreüil, & Celiane aussi,
Reprenez un air gay, voicy la compagnie.

COMEDIE.

SCENE XV.
DORAME, S. AMANT, JULIE, MONTREUIL, &c.

DORAME.
ALlons ma Fille, allons menez joyeuſe vie,
Vôtre Mary va voir vos plaiſirs d'un bon œil,
Ma Niéce Celiane, & le galant Montreüil,
Seront demain unis par un doux hymenée,
Aujourd'huy dans la joye achevons la journée.

SCENE DERNIERE.
DORAME, S. AMANT, JULIE, CELIANE, MONTREUIL, FLORE, NYMPHE des Fleurs, ZEPHIRS, TROUPE DE BERGERS, TROUPE DE BERGERES.

FLORE chante.
FUyez l'embarras des Amours,
Suivez les folles amourettes,
Les jeux, les plaiſirs, les beaux jours,
Ne ſont que parmy les fleurettes :
Pour folâtrer avec les ris,
Et des noirs chagrins ſe défendre ?
Jeunes cœurs ſongez à prendre,
Et jamais à n'être pris.

Les Nymphes des Fleurs & les Zephirs danſent.

JE VOUS PRENS SANS VERD, &c.

LUBIN chante.

Pour joüer seurement au Verd,
Beautez mettez-vous à couvert
D'un curieux desagreable,
La surprise du Favory
Est aimable,
Mais celle du Mary
C'est le diable.

ENTRE'E DE PAYSANS.

FLORE & LUBIN ensemble.

Voulez-vous bannir vos allarmes,
Et goûter un Hymen plein de charmes,
Faites Epoux pour finir vos débats,
Tout ce que vous ne faites pas.

FLORE.

Soyez-vous apparemment fideles.

LUBIN.

Ne vous empressez point à voir
Ce qu'il ne faict jamais sçavoir.

FLORE.

Passez vos bagatelles.

Ensemble.

Douce union, charmante paix,
Repos des cœurs & du ménage,
Felicité du mariage,
Quand icy bas vous verrons-nous? jamais.

ENTRE'E DE FLORE ET DE LUBIN.

Grande Entrée de tous les Personnages dansans de la Comedie.

LUBIN aux Spectateurs.

A venir voir nos jeux soyez plus de concert,
Plus vous viendrez, & moins vous nous prendrez sans verd.

FIN.

www.ingramcontent.com/pod-product-compliance
Lightning Source LLC
Chambersburg PA
CBHW070538050426
42451CB00013B/3067